H
CÉLÈBRES

Adaptation of four famous French
short stories for intermediate students

R. de Roussy de Sales

**Glencoe
McGraw-Hill**

New York, New York   Columbus, Ohio   Chicago, Illinois   Peoria, Illinois   Woodland Hills, California

Glencoe

The McGraw·Hill Companies

Send all inquiries to:
Glencoe/McGraw-Hill
8787 Orion Place
Columbus, OH 43240

ISBN : 0-8442-1404-3
Printed in the United States of America
7 8 9 10 11 12 13 14 045 10 09 08

Preface

Histoires célèbres is a first step to more literary reading for intermediate students of French. Richard Roussy de Sales has taken four well-known French short stories and adapted them to the intermediate classroom.

M. de Sales has simplified these tales, while preserving the style and spirit of the authors: Daudet, Zola, Maupassant, and Theuriet. Long passages not essential to the plot have been shortened or omitted. Difficult constructions have been simplified. As a further aid, unfamiliar words and idioms are defined in sideglosses opposite the text. Questions following each section of the stories may be used to check students' understanding of the text or can serve as a springboard to wider discussion. Brief sketches of the lives of the authors have been included to set each of the stories in a clear historical context.

As they read *Histoires célèbres,* students will be making their first contacts with four masters of the French short story. This collection will give them a taste of good French literature and should encourage them to further reading.

These stories are also available on audiocassette to aid students' comprehension of spoken French.

Table des matières

LA DERNIÈRE CLASSE

par

Alphonse Daudet

Alphonse Daudet
1840-1897

Alphonse Daudet is often called the "Spirit of Provence" or southern France, where he was born. After his father, a silk merchant, lost his money, Alphonse was unable to pursue his studies and took a job as "pion" at the *Collège d'Arles*. Daudet's story *Le Petit Chose* (1868) is semi-autobiographical and contains details of his unhappy experience as an assistant teacher.

At 18, Daudet went to Paris and worked for a newspaper; he wrote a few plays without much success. His poor health forced him to spend winters in the sunny south, in Corsica and Algeria, where he obtained the material for his writings.

In 1874, his novel *Froment jeune et Risier aîné* was his first success. He soon became one of France's most popular novelists and remains one of the most loved French writers. He had the exuberant imagination typical of French southerners. His collection of short stories, *Lettres de mon Moulin,* written with the help of his friend, the poet Mistral, evoke the charm and legends of Provence.

Daudet was a friend of Émile Zola, Flaubert and the Goncourt brothers. There is no doubt that these great writers influenced him. He was a poet and a Realist with a sense of humor. The delightful adventures of *Tartarin de Tarascon* will live forever.

Daudet wrote his famous story *La dernière Classe* shortly after the Franco-Prussian war, when France lost Alsace and Lorraine.

Ce matin, je suis en retard pour aller à l'école et j'ai peur d'être grondé, car M. Hamel nous a dit qu'il allait nous interroger sur les participes et je n'en sais pas le premier mot. Un moment, l'idée me vient de manquer la classe et d'aller me promener à la campagne.

Le temps est si chaud, si beau!

On entend chanter les oiseaux dans les bois, et dans le pré Rippert, les Prussiens qui font l'exercice. Tout cela me tente plus que la règle des participes; mais j'ai la force de résister, et je cours bien vite à l'école.

En passant devant la mairie, je vois qu'il y a du monde arrêté devant les affiches. Depuis deux ans, c'est là que nous apprenons toutes les mauvaises nouvelles, les batailles perdues, les réquisitions, les ordres du gouvernement allemand; et je pense sans m'arrêter:

"Qu'est-ce que c'est encore?"

Alors, comme je traverse la place en courant, le forgeron Wachter, qui est là avec son apprenti en train de lire l'affiche, me crie:

— Ne te dépêche pas tant, petit; tu vas y arriver toujours assez tôt à ton école!

Je crois qu'il se moque de moi; j'entre tout essoufflé dans la petite cour de M. Hamel.

D'ordinaire, au commencement de la classe, il y a tant de bruit qu'on entend jusque dans la rue les pupitres ouverts, fermés, les leçons qu'on répète très haut tous ensemble en se bouchant les oreilles pour mieux apprendre, et la grosse règle du maître qui tape sur les tables.

"Un peu de silence!"

Je comptais sur tout ce bruit pour arriver à mon banc sans être vu; mais, justement, ce jour-ci, tout est tranquille, comme un matin de dimanche. Par la fenêtre, je vois mes camarades déjà assis à leurs places, et M. Hamel qui passe et repasse avec la terrible règle en fer sous le bras. Il faut ouvrir la porte et entrer au milieu de ce grand calme. Vous pensez si je suis rouge et si j'ai peur!

Eh bien! non. M. Hamel me regarde sans colère et

peur, fear
grondé, scolded

manquer, to miss

pré, meadow
tenter, to tempt
règle, rule
courir, to run

mairie, town-hall
affiche, poster

traverser, to cross
forgeron, blacksmith

Ne te dépêche pas tant, Don't hurry so much

essoufflé, out of breath

bruit, noise
pupitre, desk
se bouchant les oreilles, holding one's hands over one's ears
règle, ruler
taper sur, to bang on

banc, bench

fer, iron

colère, anger

3

me dit tout doucement:

—Va vite à ta place, mon petit Franz; nous allions   **vite,** quickly
commencer sans toi.

Questions

1. Pourquoi est-ce qu'il y avait du monde devant la mairie?
2. Pourquoi est-ce que le petit Franz avait peur d'être grondé?
3. Sur quoi est-ce que M. Hamel va interroger les élèves?
4. Qu'est-ce qui faisait tout ce bruit au commencement de la classe?
5. Qu'est-ce qu'on affichait devant la mairie?

Je vais tout de suite à mon pupitre. Alors seulement, un peu remis de ma frayeur, je remarque que notre maître a mis sa belle redingote verte, qu'il ne mettait que les jours d'inspection ou de distribution des prix. Du reste, toute la classe a quelque chose d'extraordinaire et de solennel. Mais ce qui me surprend le plus, c'est de voir au fond de la salle, sur les bancs qui restaient vides d'habitude, des gens du village assis, silencieux comme nous: le vieux Hauser avec son tricorne, l'ancien maire, l'ancien facteur, et puis d'autres personnes encore. Tout ce monde-là paraît triste; et Hauser a apporté un vieil abécédaire qu'il tient ouvert sur ses genoux, avec ses grosses lunettes posées en travers des pages.

Pendant que je m'étonne de tout cela, M. Hamel est monté dans sa chaire, et de la même voix douce et grave dont il m'a reçu, il nous dit:

—Mes enfants, c'est la dernière fois que je vous fais la classe. L'ordre est venu de Berlin de ne plus enseigner que l'allemand dans les écoles de l'Alsace et de la Lorraine ... Le nouveau maître arrive demain. Aujourd'hui, c'est votre dernière leçon de français. Je vous prie d'être bien attentifs.

Ces quelques mots me bouleversent. Ah! les misérables, voilà ce qu'ils avaient affiché à la mairie.

Ma dernière leçon de français! ...

Et moi qui sais à peine écrire! Comme je m'en veux maintenant du temps perdu, des classes manquées à courir à travers la campagne. Mes livres que tout à l'heure encore je trouvais ennuyeux, si lourds à porter, ma grammaire, mon histoire sainte me semblent à présent de vieux amis qui me font beaucoup de peine à quitter. C'est comme M. Hamel. L'idée qu'il va partir, que je ne vais plus le voir me fait oublier les punitions, les coups de règle.

Pauvre homme!

C'est en honneur de cette dernière classe qu'il a mis

remis, recovered
frayeur, fright
mis (past part. of mettre)
mettre, to put
redingote, frockcoat
prix, prize
du reste, moreover
solennel, solemn
surprendre, surprise
fond, back, far end
vide, empty, vacant
silencieux, silent
tricorne, three-cornered hat
maire, mayor
facteur, postman
paraître, to seem
abécédaire, primer
lunettes, glasses
en travers, across

chaire, pulpit

dernier, last

demain, tomorrow

bouleverser, to upset

à peine, hardly
s'en vouloir, to be annoyed with oneself

ennuyeux, boring
lourd, heavy

peine, grief, sadness

punition, punishment

5

ses beaux habits du dimanche, et maintenant je comprends pourquoi ces vieux du village sont venus s'asseoir au bout de la salle. Cela semble dire qu'ils regrettent de ne pas y être venus plus souvent à cette école. C'est aussi comme une façon de remercier notre maître de ses quarante ans de bons services, et de rendre leurs devoirs à la patrie qui s'en allait . . .

habits, clothes

bout, end

patrie, (native land)

Questions

1. Quand est-ce que M. Hamel mettait sa belle redingote verte?
2. Qui étaient les personnes assises au fond de la salle sur les bancs qui restaient vides d'habitude?
3. Qu'est-ce que M. Hamel a dit aux élèves pour commencer la classe?
4. Est-ce que les élèves sont contents d'apprendre qu'un nouveau maître arrive demain?

J'étais là de mes réflexions, quand j'entends appeler mon nom. C'était mon tour de réciter. Comme j'ai regretté à ce moment de ne pas pouvoir dire tout au long cette fameuse règle des participes, bien haut, bien clair, sans une faute! Mais je m'embrouille aux premiers mots, et je reste debout à trembler dans mon banc, le cœur gros, sans oser lever la tête. J'entends M. Hamel qui me parle:

—Je ne vais pas te gronder, mon petit Franz, tu dois être assez puni... Voilà ce que c'est. Tous les jours on se dit "Bah! j'ai bien le temps. Je peux apprendre demain." Et puis tu vois ce qui arrive... Ah! ç'a été le grand malheur de notre Alsace de toujours remettre son instruction à demain. Maintenant ces gens-là sont en droit de nous dire: "Comment! Vous prétendiez être Français, et vous ne savez ni lire ni écrire votre langue!" Dans tout ça, mon pauvre Franz, ce n'est pas encore toi le plus coupable. Nous avons tous notre bonne part de reproches à nous faire.

"Vos parents n'ont pas assez tenu à vous voir instruits. Ils aimaient mieux vous envoyer travailler à la terre ou aux filatures pour avoir quelques sous de plus. Moi-même, n'ai-je rien à me reprocher? Est-ce que je ne vous ai pas souvent fait arroser mon jardin au lieu de travailler? Et quand je voulais aller pêcher des truites, je vous donnais congé..."

Alors, d'une chose à l'autre, M. Hamel nous parle de la langue française, disant que c'est la plus belle langue du monde, la plus claire, la plus solide; qu'il faut la garder entre nous et ne jamais l'oublier, parce que, quand un peuple tombe esclave, tant qu'il tient bien sa langue, c'est comme s'il tenait la clef de sa prison... Puis il prend une grammaire et nous lit notre leçon. Je suis tout étonné de voir comme je comprends. Tout ce qu'il dit me semble facile, facile. Je crois aussi que je n'ai jamais si bien écouté et que lui aussi n'a jamais mis autant de patience à ses explications. Je pense qu'avant de s'en aller le pauvre homme veut nous donner tout son savoir, nous le faire entrer dans la tête

s'embrouiller, to become confused
rester debout, to remain standing up
oser, to dare

malheur, misfortune

sont en droit de, have a right to

coupable, guilty

pas assez tenu, not cared enough

filature, spinning-mill
sous, pennies

arroser, to water
pêcher, to fish
truite, trout
donner congé, to give a holiday

esclave, slave
clef, key

explication, explanation

savoir, knowledge

d'un seul coup.

La leçon finie, on passe à l'écriture. Pour aujourd'hui, M. Hamel nous a préparé des exemples tout neufs sur lesquels est écrit en belle écriture ronde: *France, Alsace, France, Alsace.* Cela fait comme des petits drapeaux qui flottent tout autour de la classe. Il faut voir comment chacun s'applique, et quel silence! On n'entend rien que le grincement des plumes sur le papier. Des hannetons entrent dans la salle de classe: mais personne n'y fait attention, pas même les tout petits qui s'appliquent à tracer leurs bâtons, avec un cœur, une conscience comme si cela était encore du français ... Sur le toit de l'école, des pigeons roucoulent tout bas, et je me dis en les écoutant:

"Est-ce qu'on ne va pas les obliger à chanter en allemand, eux aussi?"

De temps en temps, quand je lève les yeux de dessus ma page, je vois M. Hamel immobile dans sa chaire et fixant les objets autour de lui, comme s'il voulait emporter dans son regard toute sa petite maison d'école ... Pensez! depuis quarante ans, il est là à la même place, avec sa cour en face de lui et sa classe toute pareille. Seulement les bancs, les pupitres se sont polis, frottés par l'usage; les arbres de la cour ont grandi et celui qu'il a planté lui-même monte jusqu'au toit. Quelle tristesse ça doit être pour ce pauvre homme de quitter toutes ces choses, et d'entendre sa sœur qui va et vient dans la chambre au-dessus, en train de fermer leurs malles! Car ils partent demain, s'en vont du pays pour toujours.

Tout de même, il a le courage de nous faire la classe jusqu'au bout. Après l'écriture, nous avons la leçon d'histoire: ensuite les petits chantent tous ensemble le BA BE BI BO BU. Là-bas, au fond de la salle, le vieux Hauser a mis ses lunettes et, tenant son abécédaire à deux mains, il épelle les lettres avec eux. On voit qu'il s'applique lui aussi; sa voix tremble d'émotion, et c'est si drôle de l'entendre que nous avons tous envie de rire et de pleurer. Ah! je m'en souviendrai de cette dernière classe ...

Tout à coup, l'horloge de l'église sonne midi, puis l'Angelus. Au même moment, les trompettes des Prussiens qui reviennent de l'exercice éclatent sous nos fenêtres ... M. Hamel se lève, tout pâle dans sa chaire. Jamais il ne m'a paru si grand.

—Mes amis, dit-il, mes, ... je ...

drapeau, flag

s'appliquer, to take pains

grincement, scratching
hanneton, june bug

bâton, stroke

roucouler, to coo

toute pareille, always the same
frottés, rubbed
ont grandi, have grown

malle, trunk

épeler, to spell

horloge, clock

éclatent, burst out

m'a paru, seemed to me

8

Mais quelque chose l'étouffe. Il ne peut pas achever sa phrase.

étouffer, to choke
achever, to finish

Alors il se tourne vers le tableau, prend un morceau de craie et, en appuyant de toutes ses forces, il écrit aussi gros qu'il peut:

appuyer, to press, to lean

"VIVE LA FRANCE!"

Vive! Long live!

Puis il reste là, la tête appuyée au mur, et, sans parler, avec sa main il nous fait signe:
C'est fini . . . allez-vous-en."

Questions

1. Pourquoi est-ce que M. Hamel n'a pas grondé le petit Franz?
2. Quel a été le grand malheur de l'Alsace?
3. De nos jours, est-ce que les enfants alsaciens apprennent le français à l'école?
4. Qu'est-ce que M. Hamel se reproche?
5. Pour quelles raisons est-ce que le français est "la plus belle langue du monde"?
6. Quels insectes entrent dans la salle de classe?
7. Quel est l'oiseau qui roucoule?
8. Qu'est-ce que M. Hamel à écrit sur le tableau noir?

LE GRAND MICHU

par

Émile Zola

Émile Zola
1840-1902

Émile Zola was the son of an Italian emigrant who died when Émile was seven years old. His mother sent him to the *lycée Saint-Louis* in Paris; he was a slow learner and failed the final examinations.

Émile Zola was nearsighted and had a speech defect; his school companions made fun of him. After he left school, he had a hard time trying to make a living in Paris, first working on the docks and then getting a job as a clerk at the *Librairie Hachette.*

In 1865, he became a journalist and wrote articles for *La Tribune, Le Petit Journal, l'Événement* and *Le Figaro.*

He then tried his hand at writing novels. *Thérèse Raquin* had a fantastic sale. Critics of the time said that the book was obscene. Although pretending to be shocked by the scenes he described and the crudeness of his style, people enjoyed reading his books, just as in the same period visitors at the salon of 1865 pretended to be shocked by Manet's nudes.

Zola was the first author to write about the slums and the realities of life. Since Victor Hugo's *Les Misérables,* no one had dared to write about such subjects. His most famous novels are *L'Assommoir* (1877) and *Germinal* (1885).

He showed his courageous love for justice by coming to the defense of captain Alfred Dreyfus, convicted of selling military secrets to Germany. Zola wrote a series of articles called *"J'accuse"* for which he was sentenced to a year's imprisonment; he went to England and did not return to France till 1899, when Dreyfus was given a new trial and declared innocent.

Émile Zola died in 1902, asphyxiated in his apartment by a leaking stove. It has never been known for sure whether he had committed suicide or if it was an accident.

Anatole France rendered him a supreme homage at his death when he wrote: "Il fut pour le moment la voix de la conscience humaine."

Un après-midi, à la récréation de quatre heures, le grand Michu me prend à part, dans un coin de la cour. Il a un air grave.

—Écoute, me dit-il de sa grosse voix, veux-tu en être?

Je réponds sans hésiter: "Oui!" flatté d'être quelque chose avec le grand Michu. Alors il m'explique qu'il a en vue un complot. Les confidences qu'il me fait me causent une sensation délicieuse que je n'ai jamais peut-être sentie depuis. Enfin, je vais entrer dans les folles aventures de la vie, je vais avoir un secret à garder.

Aussi, pendant que le grand Michu me parle, je suis en admiration devant lui. Il m'initie d'une voix un peu rude, comme un conscrit dans lequel on a une médiocre confiance. Cependant, l'air enthousiaste que je dois avoir en l'écoutant finit par lui donner une meilleure opinion de moi.

Comme la cloche sonne, quand nous allons tous deux prendre notre place pour entrer en classe, il me dit à voix basse:

—C'est entendu, n'est-ce pas? Tu es des nôtres . . . Tu ne vas pas avoir peur, au moins . . . tu ne vas pas trahir?

—Oh non! C'est juré.

Il me regarde avec dignité avec une vraie dignité d'homme, et me dit encore . . .

—Autrement, tu sais, je ne vais pas te battre, mais je vais dire partout que tu es un traître, et plus personne ne va te parler.

Je me souviens encore de l'effet que m'a produit cette menace. Elle m'a donné un courage énorme. Pour rien au monde ne vais-je le trahir.

J'ai attendu avec impatience l'heure du dîner. La révolte allait éclater au réfectoire.

Le grand Michu était du Var. Son père, un paysan qui possédait quelques terres, s'est battu en 1851, pendant l'insurrection provoquée par le coup d'État de Louis Napoléon. Laissé comme mort dans une plaine, il a réussi à se cacher. Quand il est revenu, on l'a laissé tranquille. Seulement, depuis ce moment tous les gens du pays l'ont appelé "ce brigand de Michu".

Ce brigand, cet honnête homme illettré, a envoyé son

coin, corner

en être, to be one of us

avoir en vue, to have in mind
complot, plot

rude, gruff
conscrit, draftee
lequel, whom

cloche, bell
sonner, to ring

entendu, understood
des nôtres, one of us
trahir, to betray

jurer, to swear

autrement, otherwise

traître, traitor

je me souviens, I remember
menace, threat

éclater, to break out
réfectoire, dining hall
Var, department in southern
France on the Mediterranean

brigand, rascal

illettré, illiterate

13

fils au collège d'A... Nous savions vaguement cette histoire au collège, ce qui nous faisait regarder notre camarade comme un personnage terrible.

Le grand Michu était, d'ailleurs, beaucoup plus âgé que nous. Il avait près de dix-huit ans, bien qu'il n'était qu'en quatrième. Mais on n'osait le plaisanter. C'était un de ces garçons qui apprennent difficilement, qui ne devinent rien; seulement, quand il savait une chose, il la savait à fond et pour toujours. Fort, il régnait en maître pendant les récréations. Avec cela, d'une douceur extrême. Je ne l'ai jamais vu qu'une fois en colère; il voulait étrangler un pion qui nous enseignait que tous les républicains étaient des voleurs et des assassins.

Ce n'est que plus tard, lorsque j'ai revu mon ancien camarade dans mes souvenirs, que j'ai pu comprendre son attitude douce et forte.

Le grand Michu était satisfait au collège, ce qui était pour nous un étonnement. Il n'y avait qu'une chose qui le torturait: la faim. Le grand Michu avait toujours faim.

Je ne me souviens pas d'avoir vu quelqu'un avec tant d'appétit. Lui qui était très fier, il allait quelquefois jusqu'à jouer des comédies humiliantes pour obtenir un morceau de pain, un déjeuner ou un goûter. Élevé en plein air, dans les montagnes, il souffrait encore plus cruellement que nous du peu de nourriture qu'on nous donnait au collège.

C'était là un de nos grands sujets de conversation dans la cour. Nous autres, nous étions des délicats. Je me rappelle surtout une certaine morue à la sauce rousse et certains haricots à la sauce blanche qui étaient le sujet d'une plainte générale. Les jours où ces plats apparaissaient, nous ne cessions de protester. Le grand Michu, par respect humain, criait avec nous, bien qu'il aurait mangé volontiers les six portions de sa table.

Le grand Michu se plaignait seulement de la quantité de la nourriture. Le hasard, comme pour l'exaspérer, l'avait placé au bout de la table, à côté du pion, un petit homme maigre qui nous laissait fumer en promenade.* La règle était que les maîtres d'étude avaient droit à deux portions. Aussi, quand on servait des saucisses, fallait-il voir le grand Michu regarder du coin de l'œil les deux saucisses posées sur l'assiette du petit pion.

---

plus âgé, older
bien que, although
quatrième, in French schools the 1st grade is the highest and the 12th the lowest
le plaisanter, to poke fun at him
à fond, thoroughly

douceur, gentleness

étrangler, to strangle
pion, proctor, under-master
voleur, thief

ancien, former

étonnement, surprise

faim, hunger
avoir faim, to be hungry

goûter, snack taken around tea 4:00 PM
plein air, open air

nous autres, we the others

morue, codfish
haricot, bean

plat, dish
apparaissaient, appeared

bien que, although
volontiers, willingly

se plaindre, to complain
hasard, fate

saucisse, sausage
fallait-il voir, you should have seen

---

* In French lycées, the boarders are taken for a long promenade every Thursday and Sunday, under the supervision of the "pion".

—Je suis deux fois plus gros que lui, me dit-il un jour, et c'est lui qui a deux fois plus à manger que moi.

On avait décidé à la fin de nous révolter contre la morue à la sauce rousse et les haricots à la sauce blanche.

Naturellement, les conspirateurs avaient offert au grand Michu d'être leur chef. Le plan de ces messieurs était d'une simplicité héroïque: ils allaient mettre leur appétit en grève, refuser de manger jusqu'à ce que le proviseur déclare solennellement que la nourriture allait être améliorée. L'approbation que le grand Michu avait donné à ce plan est un des plus beaux actes de sacrifice et de courage que j'ai connu. Il avait accepté d'être le chef du mouvement avec le tranquille héroïsme de ces anciens Romains qui se sacrifiaient pour la chose publique.

en grève, on strike
proviseur, headmaster, principal

amélioré, improved

Pensez donc! lui ne désirait pas voir disparaître la morue et les haricots; il ne souhaitait qu'une chose, en avoir davantage. Et on lui demandait de jeûner! Il m'a avoué depuis que jamais cette vertu républicaine que son père lui a enseignée, la solidarité, le dévouement de l'individu aux intérêts de la communauté, n'avait été si difficile à pratiquer.

Pensez donc!, Just think of it!
souhaiter, to wish
davantage, more
jeûner, to fast
avouer, to admit
dévouement, devotion
pratiquer, to practice

Questions

1. Quel genre de personne est le grand Michu?
2. Est-ce que son père était royaliste ou républicain?
3. Est-ce que le grand Michu se plaisait au collège?
4. De quoi souffrait-il le plus?
5. Pour quelle raison est-ce que les élèves décident de se révolter?
6. Qu'est-ce qu'un pion?

15

Le soir, au réfectoire, c'était le jour de la morue à la sauce rousse, la grève a commencé avec un ensemble vraiment beau. Le pain seul était permis. Les plats arrivaient, nous n'y touchions pas, nous mangions notre pain sec. Et cela gravement, sans parler à voix basse comme nous en avions l'habitude. Il n'y avait que les petits qui riaient.

Le grand Michu a été superbe. Il est allé, ce premier soir, jusqu'à ne pas manger de pain. Il avait les deux coudes sur la table et regardait dédaigneusement le petit pion qui mangeait.

coude, elbow
dédaigneusement, disdainfully

Cependant, le surveillant avait fait appeler le proviseur qui est entré dans le réfectoire comme une tempête. Il nous a demandé ce que pouvions reprocher à ce dîner, auquel il a goûté et qu'il a trouvé exquis.

surveillant, supervisor
tempête, storm

goûter, to taste
exquis, delicious

Alors le grand Michu s'est levé.

—Monsieur, dit-il, c'est que la morue est pourrie, nous ne pouvons pas la digérer.

pourri, rotten

—Ah! bien, crie le petit pion, sans laisser au proviseur le temps de répondre, les autres soirs, vous avez pourtant mangé presque tout le plat à vous seul.

Le grand Michu a rougi très fort. Ce soir-là on nous a simplement envoyé coucher.

Le lendemain et le surlendemain, le grand Michu a été terrible. Les paroles du maître l'avaient frappé au cœur. Il nous a dit que nous étions des lâches si nous cédions. Maintenant il mettait tout son orgueil à montrer que, lorsqu'il le voulait, il ne mangeait pas.

réfléchir, to reflect

frapper, to strike
lâche, coward
céder, to cede, to yield
orgueil, pride

Cela a été un vrai martyre. Nous autres, nous cachions tous dans nos pupitres du chocolat, des pots de confiture, jusqu'à de la charcuterie qui nous aidaient à ne pas manger tout à fait sec le pain que nous mettions dans nos poches. Lui, qui n'avait pas un parent dans la ville et qui se refusait d'ailleurs de pareilles douceurs, n'avait que les quelques croûtes qu'il pouvait trouver.

confiture, jam

charcuterie, delicatessen

tout à fait, entirely

croûte, crust

Le surlendemain, le proviseur ayant déclaré que, puisque les élèves refusaient de toucher aux plats, il allait cesser de faire distribuer du pain, la révolte a éclaté

surlendemain, day after tomorrow

au déjeuner. C'était le jour des haricots à la sauce blanche.

Le grand Michu, dont une faim atroce devait troubler la tête, s'est levé brusquement. Il a pris l'assiette du pion qui mangeait de bon appétit et l'a jetée au milieu de la salle; puis il s'est mis à chanter la Marseillaise d'une voix forte. Nous nous sommes tous sentis entraînés. Les assiettes, les verres, les bouteilles ont dansé une jolie danse. Et les pions, enjambant les débris, se sont hâtés de nous abandonner le réfectoire. Le petit pion, dans sa fuite, a reçu sur les épaules un plat de haricots dont la sauce lui a fait une large collerette blanche.

Cependant, il fallait fortifier la place, Le grand Michu a été nommé général. il a fait mettre les tables les unes sur les autres, devant les portes. Je me souviens que nous avions tous pris nos couteaux à la main. Et on chantait toujours la Marseillaise. La révolte tournait à la révolution. Heureusement on nous a laissé à nous-mêmes pendant trois grandes heures. Il paraît qu'on était allé chercher la garde. Ces trois heures de tapage ont suffi pour nous calmer.

Il y avait au fond du réfectoire deux larges fenêtres qui donnaient sur la cour. Les plus timides ont ouvert doucement une des fenêtres et sont partis. Ils ont été peu à peu suivis par les autres élèves. Bientôt le grand Michu n'avait plus qu'une dizaine d'insurgés autour de lui. Il leur a dit alors d'une voix brusque:

— Allez retrouver les autres; il suffit d'avoir un coupable.

Puis, s'adressant à moi qui hésitais, il a ajouté:

— Je te rends ta parole, entends-tu!

Lorsque la garde a enfoncé une des portes, elle a trouvé le grand Michu tout seul, assis tranquillement sur le bout d'une table, au milieu des assiettes cassées. Le soir même, il a été renvoyé à son père. Quant à nous, nous avons peu profité de cette révolte. On a évité pendant quelques semaines de nous servir de la morue et des haricots. Puis, ils ont reparu; seulement la morue était à la sauce blanche, et les haricots, à la sauce rousse.

Longtemps après, j'ai revu le grand Michu. Il n'a pas pu continuer ses études. Il cultive à son tour les quelques bouts de terre que son père lui a laissés en mourant.

—J'aurais fait, m'a-t-il dit, un mauvais avocat ou un mauvais médecin, car j'avais la tête bien dure. Pour

l'a jetée, threw it

entraînés, carried away
enjamber, to step over
se hâter, to hasten

fuite, flight

à nous-mêmes, to ourselves

tapage, uproar
ont suffi, were enough

doucement, gently

coupable, culprit

Je te rends ta parole, I release you of your promise
enfoncer, to break open

cassées, broken
Quant à nous, as for us

avocat, lawyer
avoir la tête dure, to be thick-headed

moi, c'est mieux d'être paysan. N'importe, vous m'avez joliment lâché. Et moi qui justement adorais la morue et les haricots!

vous m'avez joliment **lâché**, you sure let me down

Questions

1. Qu'est-ce que le père du grand Michu lui a enseigné?
2. Qu'est-ce que le grand Michu a dit au proviseur?
3. Qu'est-ce que fait le grand Michu maintenant, est-il médecin ou avocat?
4. Est-ce que le grand Michu aime la morue et les haricots?
5. Comment servait-on les haricots après la révolte, à la sauce rousse ou à la sauce blanche?

LES PÊCHES

par

André Theuriet

André Theuriet
1833-1907

Claude Adhémar André Theuriet was a very popular writer in his day. He was born at Marly-le-Roy, near Versailles, in 1833. He wrote novels and poetry. His novels *Raymonde, Sauvageonne, Les Maugars* and *La Maison des deux Barbeaux* give a good picture of family life in the provinces. His style is clear, precise and of exquisite taste.

As a poet, he was known as "le poète des bois et de la campagne."

André Theuriet was a member of the French Academy. It is interesting to note that that honor was never bestowed on Guy de Maupassant, Alphonse Daudet or Émile Zola.

However, André Theuriet's books are rarely read nowadays and most of them are out of print. He is known mainly for one short story, *Les Pêches,* which made him famous for all time.

La première fois que j'ai revu, après vingt-cinq ans, mon vieux camarade Vital Herbelot, c'était dans un banquet des anciens élèves d'un lycée de province où nous avions fait nos études. Ces sortes de réunions se ressemblent presque toutes: poignées de mains, questions sur ce que chacun fait maintenant et surprise de voir les changements apportés par les années dans les physionomies et les fortunes.

J'étais surpris de trouver un Vital Herbelot tout différent du garçon dont j'avais gardé souvenir. Je l'avais connu maigre, timide et réservé; il avait toutes les qualités d'un jeune fonctionnaire qui veut faire son chemin dans l'administration où sa famille l'a placé. Je revoyais un gaillard solide, à la figure bronzée par le soleil. Avec ses cheveux coupés en brosse, son costume de drap anglais, sa barbe grise, il avait dans toute sa personne quelque chose d'aisé, qui n'était pas celui d'un fonctionnaire.

"Ah! ça, lui demandai-je, qu'es-tu devenu? N'es-tu plus dans l'administration?

— Non, mon ami, me répond-il, je suis tout simplement cultivateur . . . J'exploite à deux kilomètres d'ici, à Chanteraine, une propriété assez importante, où je cultive des vignes et en fais un petit vin que je vais te faire goûter.

— En vérité, dis-je, toi, fils et petit-fils de bureaucrates, toi qu'on donnait comme le modèle des employés et auquel on prédisait un brillant avenir, tu as abandonné ta carrière?

—Mon Dieu, oui.

—Comment cela est-il arrivé?

—Mon cher, réplique-t-il en riant, les grands effets sont souvent produits par les causes les plus futiles . . . J'ai donné ma démission pour deux pêches.

—Deux pêches?

—Ni plus, ni moins, et quand nous aurons pris le café, si tu veux m'accompagner jusqu'à Chanteraine, je vais te dire cela.

Après le café, nous avons quitté la salle du banquet

poignée de main, handshake

physionomies, features, faces

maigre, thin
fonctionnaire, civil servant
faire son chemin, to work one's way up
gaillard, husky fellow
bronzée, tanned
coupés en brosse, like a brush, crew-cut
drap, cloth
aisé, free, natural

qu'es-tu devenu? what has become of you?

propriété, property

je vais te faire goûter, I am going to make you taste

prédisait, predicted
avenir, future

donner sa démission, to resign
pêche, peach

ni plus ni moins, no more no less

21

et tandis qu'en fumant un cigare nous marchions le long du canal, par une tiède après-midi de la fin d'août, mon ami Vital a commencé son récit:

—Tu sais, me dit-il, que mon père, vieil employé, ne voyait rien de comparable à la carrière des bureaux. Aussi, après avoir fini mes études au lycée, on m'a mis comme employé dans l'administration paternelle. Je n'avais pas de vocation bien déterminée et je me suis engagé docilement sur cette banale grande route de la bureaucratie, où mon père et mon grand-père avaient lentement, mais sûrement cheminé. J'étais un garçon laborieux, discipliné, élevé dans le respect des employés supérieurs et la déférence qu'on doit aux autorités; j'ai donc été bien noté par mes chefs et j'ai conquis rapidement mes premiers grades administratifs. Quand j'ai eu vingt-cinq ans, mon directeur m'a pris en affection, m'a attaché à ses bureaux; mes camarades m'enviaient. On parlait déjà de moi comme d'un futur employé supérieur et on me prédisait le plus bel avenir. C'est alors que je me suis marié. J'ai épousé une jeune fille très jolie, et, ce qui vaut mieux, très bonne et très aimante,—mais sans fortune. C'était une erreur grave aux yeux du monde des employés dans lequel je vivais. On y est très positif, on ne voit guère dans le mariage qu'une bonne affaire et on y prend volontiers pour règle que "si le mari apporte à déjeuner, la femme doit apporter le dîner." Ma femme et moi, nous avions à peine à nous deux de quoi souper. On criait très fort que j'avais fait une sottise. Plus d'un brave bourgeois de mon entourage disait que j'étais fou et que je gâchais à plaisir une belle situation. Mais comme ma femme était très gentille et avait un bon caractère, comme nous vivions modestement, et qu'à force d'économies nous réussissions à joindre les deux bouts, on a cessé de me critiquer et la société locale a continué à nous accueillir.

tandis que, while
tiède, lukewarm
récit, story

lentement, slowly
cheminer, to follow one's way
élevé, brought up

bien noté, in good repute, in good esteem

sans fortune, with no money

ne … guère, scarcely
bonne affaire, good business
volontiers, willingly

sottise, foolish act
gâcher, to spoil
à plaisir, for the pleasure of it

gentille, sweet
à force de, by means of

joindre les deux bouts, to join both ends
accueillir, to welcome, to receive graciously

Questions

1. Où est-ce que l'auteur a revu son vieux camarade?
2. Avait-il beaucoup changé?
3. Que faisait-il maintenant?
4. Quelle avait été l'occupation de son père et de son grand-père?
5. Où est la propriété de Vital Herbelot?
6. Qu'est-ce qu'il y cultive?
7. Portez-vous les cheveux coupés en brosse?

Mon directeur était riche, il aimait le théâtre, recevait souvent, donnait de superbes dîners et de temps en temps invitait à une sauterie les familles des fonctionnaires et des notables de la ville. À cette époque, ma femme très souffrante était obligée de rester à la maison, et bien que j'aime lui tenir compagnie, j'étais obligé d'assister aux réceptions habituelles, car mon chef n'admettait pas qu'on décline ses invitations, et chez lui, ses employés devaient s'amuser par ordre.

Un soir, il y a eu un grand bal à la direction; il me fallait donc mettre mon habit noir et y aller.

À l'heure du départ, ma femme me dit: "Cela va être très beau ... N'oublie pas de bien regarder afin de tout me raconter en détail: les noms des dames qui sont à la soirée, leurs toilettes et le menu du souper ... Car il y a un souper; il paraît qu'on a fait venir de Paris quantité de bonnes choses ... des primeurs; on parle de pêches qui ont coûté trois francs pièce ... Oh! ces pêches! ... Sais-tu! si tu étais gentil, apporte-moi une de ces pêches ..."

J'ai essayé de lui faire comprendre que la chose était peu pratique et combien il était difficile à un monsieur en habit noir d'introduire un de ces fruits dans sa poche sans risquer d'être vu et mis à l'index ... Plus j'élevais des objections et plus elle s'entêtait dans sa fantaisie.

"Rien de plus facile au contraire! ... Au milieu du va-et-vient des soupeurs, personne ne regarde ... Tu en prends une comme pour toi et tu la dissimules adroitement ... Ne hausse pas les épaules! ... C'est vrai, c'est un enfantillage, mais c'est si peu ce que je te demande ... Promets-moi de m'en rapporter au moins une, jure-le moi! ...

Le moyen d'opposer un refus catégorique à une jeune femme qu'on aime, qui, à peine convalescente, va passer seule la soirée et penser à celles qui dansent là-bas! ...

J'ai fini par murmurer une promesse vague et me suis hâté de partir, mais au moment où je prenais le bouton de la porte, elle m'a rappelé. J'ai vu son beau visage pâle, ses grands yeux bleus tournés doucement

sauterie, informal dance

souffrante, unwell
bien que, although
tenir compagnie, to keep company

habit noir, black suit, evening dress

afin de, in order to

toilettes, dresses

primeurs, early fruits
pêche, peach

l'élevais, I raised
s'entêter, to be stubborn

va-et-vient, coming and going
personne ne, nobody
adroitement, skilfully
hausser les épaules, to shrug one's shoulders
enfantillage, childish act

moyen, way

bouton, knob

23

vers moi, et elle me dit encore avec un sourire:

"Tu me le promets?..."

Un très beau bal: des fleurs partout, des toilettes fraîches, un orchestre excellent. Le préfet, le président du tribunal, les officiers de la garnison, tout le dessus du panier. Mon directeur avait tout fait pour donner de l'éclat à cette fête dont sa femme et sa fille faisaient gracieusement les honneurs. À minuit, on a servi le souper et, par couples, les danseurs ont passé dans la salle du buffet. J'y suis allé, et, à peine entré, j'ai aperçu, en belle place, au milieu de la table, les fameuses pêches envoyées de Paris.

Elles étaient magnifiques, les pêches! Disposées en pyramide dans une corbeille de porcelaine, espacées et séparées par des feuilles de vigne. Rien qu'à les voir, on devinait leur fine saveur parfumée. Elles excitaient l'admiration générale; plus je les contemplais, plus mon désir prenait la forme d'une idée fixe, et plus fort était ma résolution d'en prendre une ou deux. Mais comment? Mon directeur s'était réservé le plaisir d'offrir lui-même ses pêches à quelques privilégiés. De temps en temps, sur un signe de mon chef, un maître d'hôtel prenait une pêche délicatement, la coupait à l'aide d'un couteau à lame d'argent, et présentait les deux moitiés sur une assiette de Sèvres à la personne désignée. Quand les soupeurs, rappelés par un prélude de l'orchestre, se sont précipités dans le salon, il restait encore une demi-douzaine de belles pêches sur le lit de feuilles vertes.

J'ai suivi la foule, mais ce n'était qu'une fausse sortie. J'ai laissé mon chapeau dans un coin près de la porte— un chapeau haut de forme qui m'a considérablement embarrassé pendant toute la soirée. Je suis rentré sous prétexte de le reprendre et, comme j'étais un peu de la maison, les domestiques n'ont pas fait attention à moi. D'ailleurs ils étaient occupés à transporter à l'office les assiettes et les verres qui avaient servi aux soupeurs, et à un certain moment, je me suis trouvé seul près du buffet. Il n'y avait pas une minute à perdre. Après un coup d'œil rapide à droite et à gauche, je me suis approché de la corbeille, j'ai fait rouler prestement deux pêches dans mon chapeau, puis—très calme en apparence, très digne, bien que j'avais un affreux battement de cœur—j'ai quitté la salle à manger en appliquant l'orifice de mon chapeau contre ma poitrine, l'y maintenant à l'aide de ma main droite passée dans l'ouverture de mon gilet, ce qui me donnait une pose très majes-

garnison, garrison, local troops
panier, basket
dessus du panier, high society
donner de l'éclat, give some splendor

à peine, barely

corbeille, basket
espacées, spaced out
Rien qu'à les voir, by just looking at them

lame, blade
moitié, half

foule, crowd
fausse sortie, sham exit

chapeau haut de forme top-hat

office, pantry

rouler, to roll
prestement, quickly

affreux, frightful
battement, beating

orifice, opening
poitrine, chest

gilet, waistcoat

24

tueuse et presque napoléonienne.

Mon projet était de traverser doucement le salon, de m'esquiver à l'anglaise, et, une fois dehors, de rapporter victorieusement les deux pêches enveloppées dans mon mouchoir.

traverser, to cross
s'esquiver à l'anglaise, to take French leave
enveloppées, wrapped
mouchoir, handkerchief

Questions

1. Qu'est-ce que la femme de Vital Herbelot lui a demandé de faire?
2. Pourquoi est-ce qu'elle n'est pas allée au bal?
3. D'où venaient les pêches?
4. Étaient-elles belles?
5. Dans quoi est-ce que Herbelot les a cachées?
6. Comment dit-on en français: "To take French leave"?

La chose n'était pas aussi facile que je l'avais pensé. On venait de commencer le cotillon. Tout autour du grand salon il y avait un double cordon d'habits noirs et de dames mûres, entourant un second cercle formé par les chaises des danseuses; puis, au milieu, un large espace vide où valsaient les couples. C'était cet espace qu'il me fallait traverser pour arriver à la porte de l'antichambre.

J'ai passé timidement entre les groupes, je serpentais entre les chaises avec la souplesse d'une couleuvre. Je tremblais à chaque instant qu'un brutal coup de coude dérange la position de mon chapeau et que les pêches tombent. Je les sentais balloter dans l'intérieur du chapeau, et j'avais chaud aux oreilles et aux cheveux. Enfin, après bien des peines et bien des transes, je suis entré dans le cercle au moment où on organisait une nouvelle figure: la danseuse est placée au centre des danseurs qui exécutent autour d'elle une ronde en lui tournant le dos; elle doit tenir un chapeau à la main et en coiffer au passage celui des cavaliers avec lequel elle désire valser. À peine avais-je fait deux pas, que la fille de mon directeur, qui conduisait le cotillon avec un jeune conseiller de préfecture, s'écrie:

"Un chapeau! Il nous faut un chapeau!"

En même temps elle m'aperçoit avec mon chapeau de forme collé sur ma poitrine; je rencontre son regard et tout mon sang se fige . . . je pâlis . . .

"Ah! me dit-elle, vous arrivez à point, monsieur Herbelot! . . . Vite, votre chapeau! . . ."

Aussitôt, elle s'empare de mon chapeau . . . si brusquement que, du même coup, les pêches roulent sur le parquet.

Tu vois d'ici le tableau. Les danseuses riaient, mon directeur fronçait des sourcils, les gens graves chuchotaient en me montrant du doigt, et je sentais mes jambes fléchir . . .

La jeune fille éclate de rire en me rendant mon chapeau:

cotillon, dance characterized by many intricate figures and variations & changing of partners
cordon, line
mûres, mature

valser, to waltz

serpenter, to wind one's way

couleuvre, grass snake

balloter, to rattle

avoir chaud, to be hot
enfin, finally
transe, fright

ronde, dance in a ring
coiffer, to put on the head

pas, step

collé, stuck to

mon sang se fige, my blood freezes
à point, just in time

s'emparer de, to get hold of

parquet, floor

froncer des sourcils, to frown
chuchoter, to whisper

fléchir, to give away
éclater de rire, to burst out laughing

"Monsieur Herbelot, me dit-elle d'une voix ironique, ramassez donc vos pêches!"

Les rires partent de tous les coins du salon, les domestiques eux-mêmes se tenaient les côtes, et, pâle, hagard, chancelant, je m'enfuis, plein de confusion; j'étais si affolé que je ne trouvais plus la porte, et je suis parti, tout triste, conter mon désastre à ma femme.

Le lendemain, l'histoire courait la ville. Quand je suis entré dans mon bureau, mes camarades m'ont accueilli par un: "Herbelot, ramassez vos pêches!..." qui m'a fait monter le rouge au visage. Je ne pouvais pas faire un pas dans la rue sans entendre derrière moi une voix moqueuse murmurer: C'est le monsieur aux pêches!..." La place n'était plus tenable, et huit jours après, j'ai donné ma démission.

Un oncle de ma femme exploitait une propriété aux environs de ma ville natale. Je lui ai demandé de me prendre comme assistant. Il y a consenti et nous nous sommes installés à Chanteraine... Que te dire encore?... Il paraît que j'avais plus de vocation pour la culture que pour les paperasses, car je suis devenu en peu de temps un agriculteur sérieux. Le domaine a prospéré si bien qu'à sa mort notre oncle nous l'a laissé par testament.

ramasser, to pick up

se tenaient les côtes, held their sides from laughing
chanceler, to be shaky on one's legs
s'enfuir, to flee
affolé, frantic

courait la ville, spread around town

moqueuse, jeering
pas tenable, unbrearable

exploitait, managed; ran
ville natale, birth-place

paperasses, paper work

Questions

1. Qu'est ce que la jeune fille a dit à monsieur Herbelot, d'un ton ironique, quand les pêches sont tombées par terre?
2. Comment appelait-on Herbelot après cette triste aventure?
3. Pourquoi a-t-il donné sa démission?
4. Pensez-vous qu'une pareille aventure peut arriver aux États-Unis?

LA PARURE

par

Guy de Maupassant

Guy de Maupassant
1850-1893

No French writer has surpassed Maupassant in the art of writing short stories; he did it with perfection and his stories are considered classics. It is true that he had as a master one of France's greatest writers: Gustave Flaubert, the author of *Madame Bovary*.

Maupassant was born in Normandy at the château de Miromesnil, near Dieppe. He was educated at the seminary of Yvetot and later at the *lycée* of Rouen.

He often spent his Sundays at Flaubert's country house near Rouen; Flaubert was a childhood friend of his mother's.

During the Franco-Prussian war of 1870, Maupassant was drafted and served as a private in the *Gardes Mobiles*. After that, he became a civil servant and worked at the *Ministère de la Marine* and the *Ministère de l'Instruction Publique*. It was during that period of his life that he was able to observe his bureaucrat colleagues and get the material for many of his short stories, such as *La Parure*.

Under Flaubert's direction who corrected his copy, Maupassant started writing short stories for the Paris newspapers. *Boule de Suif*, published in 1880, made him famous overnight. From 1880 to 1891, he wrote about three hundred short stories and six novels.

Maupassant's stories, like those of O'Henry, nearly always have a surprise ending.

During the last years of his life, Maupassant was conscious of the fact that he was losing his mind. His brother Hervé had already become insane. Guy de Maupassant's condition became worse and worse and he died in Doctor Blanchard's house for mental patients in 1893.

C'était une de ces jolies et charmantes jeunes filles, née comme par une erreur du destin dans une famille d'employés. Elle n'avait pas de dot, pas d'espérance, aucun moyen d'être connue, comprise, aimée, épousée par un homme riche et distingué; elle s'était laissée marier avec un petit employé du ministère de l'Instruction publique.

Elle était simple, ne pouvant dépenser de l'argent pour s'habiller, mais malheureuse comme une déclassée. Car les femmes n'ont pas de caste ni de race; leur beauté, leur grâce et leur charme leur servant de naissance et de famille; leur finesse native, leur instinct d'élégance, leur souplesse d'esprit sont leur hiérarchie et font des filles du peuple les égales des plus grandes dames.

Elle souffrait sans cesse, se sentant née pour toutes les délicatesses et tous les luxes. Elle souffrait de la pauvreté de son logement, de la misère des murs, de la laideur de ses meubles. Toutes ces choses, dont une autre femme de sa caste ne se serait pas aperçue, la torturaient et l'indignaient. La vue de la petite Bretonne qui faisait son humble ménage éveillait en elle des regrets et des rêves. Elle songeait aux antichambres somptueux et élégants, décorés de tentures orientales, éclairés par de hauts chandelliers et aux grands valets en culotte courte, qui dorment dans les larges fauteuils, assoupis par la chaleur du calorifère. Elle songeait aux grands salons aux murs couverts de soie ancienne, aux meubles fins portant des bibelots inestimables, aux petits salons coquets, parfumés, faits pour la causerie de cinq heures avec les amis les plus intimes, les hommes connus et recherchés dont toutes les femmes envient et désirent l'attention.

Quand elle s'asseyait pour dîner devant la table ronde couverte d'une nappe de trois jours, en face de son mari qui découvrait la soupière en déclarant: "Ah! le bon pot-au-feu! je ne sais rien de meilleur que cela . . ." elle songeait aux dîners fins, aux argenteries brillantes, aux

née, born
destin, fate

dot, dowry

déclassée, person rejected by her own class

naissance, birth

souplesse, adaptability

égales, equals

laideur, ugliness
meuble, piece of furniture
ne se serait pas aperçue, would not have noticed
ménage, housekeeping
éveiller, to awake
songer, to dream
tentures, hangings

culotte, knee-breeches

assoupis, drowsy
calorifère, central heating

bibelot, trinket

coquet, stylish coquettish
parfumé, perfumed
causerie, chat
recherchés, much sought after

nappe, table-cloth

soupière, soup-tureen

argenterie, silverware

31

tapisseries peuplant les murs de personnages anciens et d'oiseaux étranges au milieu d'une forêt de féérie; elle songeait aux plats exquis servis en des vaisselles merveilleuses, aux galanteries chuchotées et écoutées avec un sourire de sphynx, tout en mangeant la chair rose d'une truite ou des ailes de poulet.

féérie, fairyland
vaisselle, plates and dishes
chuchotées, whispered
chair, flesh
truite, trout

Elle n'avait pas de toilette, pas de bijoux, rien. Elle n'aimait que cela; elle se sentait faite pour cela. Elle aurait tant désiré plaire, être enviée, être séduisante et recherchée.

toilette, dress. outfit
bijou, jewel

Elle avait une amie riche, une camarade de couvent, qu'elle ne voulait plus aller voir, tant elle souffrait en revenant. Et elle pleurait des jours entiers de chagrin, de désespoir et de détresse.

pleurer, to cry

Questions

1. Pourquoi est-ce que cette jeune femme était malheureuse?
2. À quoi songeait-elle?
3. Pourquoi ne voulait-elle plus aller voir son amie riche?

Un soir son mari est rentré, l'air glorieux, en tenant à la main une large enveloppe.

—Tiens, dit-il, voici quelque chose pour toi.

Elle ouvre vivement l'enveloppe et en tire une carte d'invitation qui porte ces mots:

"Le ministre de l'Instruction publique et Mme Georges Ramponneau prient M. et Mme Loisel de leur faire l'honneur de venir passer la soirée à l'hôtel du ministre, le lundi 18 janvier."

Au lieu d'être enchantée, comme l'espérait son mari, elle jette l'enveloppe sur la table disant:

—À quoi bon est cela!

—Mais, ma chérie, je pensais que tu serais contente. Tu ne sors jamais et c'est une occasion, cela, une belle! J'ai eu une peine infinie à l'obtenir. Tout le monde en veut; c'est très recherché et on n'en donne pas beaucoup aux employés.

Elle le regarde d'un œil irrité et elle déclare avec impatience:

—Tu sais bien que je n'ai rien à me mettre sur le dos pour aller là.

Il n'y avait pas songé; il lui dit:

—Mais la robe avec laquelle tu vas au théâtre. elle me semble très bien, à moi . . .

Il se tait stupefait en voyant que sa femme pleure.

—Qu'as-tu? qu'as-tu?

Par un effort violent, elle se contrôle et lui répond d'une voix calme en essuyant ses joues humides:

—Rien. Seulement je n'ai pas de toilette et par conséquent je ne peux pas aller à cette fête. Donne ta carte à quelque collègue dont la femme est mieux habillée que moi.

Elle est désolée. Il lui dit:

—Voyons, Mathilde. combien est-ce que cela coûte une toilette convenable qui peut servir encore en d'autres occasions, quelque chose de très simple?

Elle réfléchit quelques secondes, tâchant d'estimer ce que coûte une robe en songeant à la somme qu'elle peux demander sans s'attirer un refus et une exclama-

vivement, quickly

hôtel, mansion, private house

jeter, to throw

À quoi bon, of what use

peine infinie, infinite trouble

en veut, wants some

Qu'as-tu? what is the matter with you?

essuyer. to wipe

coûter, to cost

convenable, suitable

réfléchir, to reflect. to think

tâcher, to try

sans s'attirer, without bringing upon herself

33

tion effarée du fonctionnaire économe.

—Je ne sais pas au juste, mais il me semble qu'avec quatre cents francs, je peux arriver.

Il pâlit un peu, car il réservait juste cette somme pour acheter un fusil et s'offrir une partie de chasse l'été suivant dans la plaine de Nanterre, avec quelques amis qui allaient chasser par là, le dimanche.

Il dit cependant:

—Soit! Je te donne quatre cents francs. Mais tâche d'avoir une belle robe.

Le jour de fête approchait et Mme Loisel semblait triste, inquiète, anxieuse. Sa toilette était prête cependant. Son mari lui dit un soir:

—Qu'as-tu? Voyons, tu es toute drôle depuis trois jours.

Et elle répond:

—Cela m'ennuie de n'avoir pas un bijou, pas une pierre, rien à mettre sur moi. J'aurai l'air misère comme tout. J'aimerais presque mieux ne pas aller à cette soirée.

Il lui dit:

—Mets des fleurs naturelles! C'est très chic en cette saison-ci. Pour dix francs, tu peux avoir deux ou trois roses magnifiques.

Elle n'était pas convaincue.

—Non . . . il n'y a rien de plus humiliant que d'avoir l'air pauvre au milieu de femmes riches.

—Que tu es bête! Va trouver ton amie Mme Forestier et demande-lui de te prêter des bijoux. Tu es assez intime avec elle pour faire cela.

—C'est vrai! C'est une bonne idée.

Le lendemain, elle va chez son amie et lui conte sa détresse.

Mme Forestier va vers son armoire à glace, prend un large coffre, l'apporte, l'ouvre, et dit à Mme Loisel:

—Choisis, ma chère.

Elle voit d'abord des bracelets, puis un collier de perles, puis une croix vénitienne, or et pierreries d'un admirable travail. Elle essaye les parures devant la glace, hésite, ne pouvant se décider à les quitter, à les rendre. Elle demande toujours:

—Tu n'as rien d'autre?

—Mais si. Cherche. Je ne sais pas ce qui peut te plaire.

Tout à coup elle découvre dans un écrin de satin noir une superbe collier de diamants; et son cœur se met à battre d'un désir immodéré. Ses mains tremblent en le prenant. elle l'attache autour de son cou et demeure

34

effarée, startled
au juste, exactly

fusil, gun
partie de chasse, hunting party

Soit! so be it! very well!

inquiète, worried

chic, elegant

bête, foolish
prêter, to lend

lui conte, tells her
détresse, distress
armoire à glace, wardrobe
coffre, box

collier, necklace
pierreries, precious stones
parure, set of diamonds

écrin, jewel-case
se met à battre, starts beating

demeure, remains

en extase devant elle-même.   **extase**, ecstasy

Puis, elle demande, hésitante, pleine d'angoisse: **angoisse**, anxiety
—Peux-tu me prêter cela, rien que cela?
—Mais oui, certainement.

Elle saute au cou de son amie, pleine de joie, puis   **sauter**, to jump
s'enfuit avec son trésor.

Questions

1. Qu'est-ce que contenait l'enveloppe que M. Loisel a donné à sa femme?
2. Pour quelle raison est-ce que Mme Loisel n'est pas heureuse d'avoir été invitée par le ministre de l'Instruction publique?
3. Qu'est-ce que M. Loisel dit à sa femme de faire?
4. Quel bijou est-ce que Mme Loisel a choisi chez son amie, Mme Forestier?

Le jour de la fête arrive. Mme Loisel a un grand succès: elle est plus jolie que toutes, plus élégante, souriante et folle de joie. Tous les hommes la regardent, demandent son nom, cherchent à être présentés. Tous les attachés veulent danser avec elle. Le ministre la remarque.

la remarque, notices her

Elle danse avec passion, exaltée par le plaisir, ne pensant à rien, dans le triomphe de sa beauté, dans la gloire de son succès, dans une sorte de nuage de bonheur fait de tous ses désirs éveillés, de cette victoire si complète et si douce au cœur des femmes.

nuage, cloud
bonheur, happiness
éveillés, aroused

Elle part vers quatre heures du matin. Son mari, depuis minuit, dort dans un petit salon désert avec trois autres messieurs dont les femmes s'amusent beaucoup.

Il lui jette sur les épaules les vêtements qu'il a apportés pour la sortie, modestes vêtements de la vie ordinaire dont la pauvreté contrastait avec l'élégance de la toilette du bal. Elle le sent et veut s'enfuir pour ne pas être remarquée par les autres femmes qui s'enveloppaient de riches fourrures.

sortie, going out

fourrure, fur
la retient, holds her back

Loisel la retient:

—Attends donc. Tu vas attraper froid dehors. Je vais appeler un fiacre.

attraper, to catch
fiacre, cab

Mais elle ne l'écoute pas et descend rapidement l'escalier. Lorsqu'ils sont dans la rue, ils ne trouvent pas de voiture; et ils se mettent à chercher, criant après les cochers qu'ils voient passer de loin.

voiture, carriage, vehicle
cocher, coachman
grelottant, shivering

Ils descendent vers la Seine, désespérés, grelottant de froid. Enfin ils trouvent un de ces vieux fiacres noctambules qu'on ne voit dans Paris que la nuit venue.

noctambule, fly-by-night

Il les ramène jusqu'à leur porte, rue des Martyrs, et ils remontent tristement chez eux. C'était fini pour elle. Et il songeait, lui, qu'il lui faudrait être au Ministère à dix heures.

les ramène, brings them

Elle ôte les vêtements dont elle s'était enveloppée les épaules, devant la glace, afin de se voir encore une fois dans sa gloire. Mais soudain elle pousse un cri. Elle n'avait plus son collier autour du cou.

ôter, to take off

pousse un cri, utters a sream

Son mari, à moitié déshabillé déjà, demande:

à moitié déshabillé, half undressed

—Qu'est-ce que tu as?

Elle se tourne vers lui, affolée.

—J'ai . . . j'ai . . . je n'ai plus le collier de Mme Forestier.

—Quoi! . . . comment! . . . Ce n'est pas possible!

Et ils cherchent dans les plis de la robe, dans les plis du manteau, dans les poches, partout. Ils ne le trouvent pas.

Il demande:

—Tu es sûre que tu l'avais en quittant le bal?

—Oui, je l'ai touché dans le vestibule du Ministère.

—Tu as dû le perdre dans le fiacre.

—Oui, c'est probable. As-tu pris son numéro?

—Non. Et toi, tu ne l'as pas regardé?

—Non.

Ils se contemplent, affolés. Enfin, Loisel se rhabille.

—Je vais, dit-il, refaire le chemin que nous avons fait à pied pour voir si je ne le retrouve pas.

Et il sort. Elle demeure en toilette de soirée, assise sur une chaise, sans pensée, désespérée.

Son mari rentre vers sept heures. Il n'a rien trouvé.

Il s'est rendu à la Préfecture de police, aux journaux pour faire promettre une récompense partout enfin où un soupçon d'espoir le menait.

Elle a attendu tout le jour dans le même état de désespoir devant cet affreux désastre.

Loisel est revenu le soir, la figure pâlie; il n'avait rien découvert.

—Il faut, dit-il, écrire à ton amie que tu as cassé la fermeture de son collier et que tu le fais réparer. Cela va nous donner le temps de nous retourner.

Elle écrit sous sa dictée.

Au bout d'une semaine, ils avaient perdu toute espérance. Et Loisel, vieilli de cinq ans, déclare:

—Il faut voir à remplacer ce bijou.

Le lendemain, ils ont pris l'écrin qui l'avait renfermé et se sont rendus chez le joaillier dont le nom se trouvait dedans.

Après avoir consulté ses livres, il dit:

—Ce n'est pas moi, madame, qui ai vendu ce collier; j'ai dû seulement fournir la boîte.

Alors, ils sont allés de bijoutier en bijoutier, cherchant un collier pareil à l'autre, consultant leurs souvenirs, malades tous deux de chagrin et d'angoisse.

Ils trouvent dans une boutique du Palais-Royal un collier de diamants qui leur paraît entièrement sembla-

affolée, frantic

plis, folds

manteau, coat

Tu as dû le perdre, you must have lost it

Il s'est rendu, he went

récompense, reward
soupçon, suspicion
espoir, hope

affreux, frightful

est revenu, came back

fermeture, fastening
se retourner, to think about what to do next
dictée, dictation

vieilli, aged

joaillier, jeweler

angoisse, anguish
Palais-Royal, Paris quarter where are the well-known jewellers

ble à l'autre. Il vaut quarante mille francs. On le leur laisse à trente-six mille.

On le leur laisse, they are letting them have it

Ils prient donc le joaillier de ne pas le vendre avant trois jours. Et ils font condition que le bijoutier accepte de le reprendre pour trente-quatre mille, si le premier est retrouvé avant la fin de février.

Loisel possède dix-huit mille francs que lui a laissés son père. Il va emprunter le reste.

emprunter, to borrow

Il se met donc à emprunter, demandant mille francs à l'un, cinq cents à l'autre, cinq louis par-là. Il signe des engagements ruineux, a affaire aux usuriers, à toutes les races de prêteurs. Il compromet toute la fin de son existence, risque sa signature sans savoir même s'il pouvait y faire honneur et, épouvanté par les angoisses de l'avenir, par la perspective de toutes le privations physiques et de toutes les tortures morales, il va chercher le collier qu'il paye trente-six mille francs.

louis, gold coin worth 20 francs

engagement, obligation, commitment
ruineux, ruinous
a affaire à, deals with
usurier, usurer
prêteur, lender
épouvanté, scared

Quand Mme Loisel rapporte le collier à Mme Forestier, celle-ci lui dit d'un air ennuyé:

—Tu aurais dû me le rendre plus tôt, car je pouvais en avoir besoin.

Tu aurais dû me le rendre plus tôt, you should have returned it to me sooner
en avoir besoin, have need of it

Elle n'ouvre pas la boîte, ce que redoutait son amie. Elle ne s'est donc pas aperçue de la substituition, ce que craignait Mme Loisel.

redouter, to dread

craignait, feared

Questions

1. Est-ce que Mme Loisel s'est amusée au bal?
2. Qu'est-ce que faisait son mari pendant qu'elle dansait?
3. Comment est-ce que les Loisel sont rentrés chez eux?
4. Qu'est-ce qu'elle a découvert, une fois rentrée chez elle?
5. Qu'est-ce qu'a fait son mari pour essayer de retrouver le collier de diamants?

Mme Loisel a connu alors la vie horrible des nécessiteux. Elle en a pris son parti, toutefois, tout d'un coup, héroïquement. Il fallait payer cette dette effroyable. Elle payerait.

On renvoie la bonne; on change de logement; on loue sous les toits une mansarde. elle fait elle-même les travaux odieux de la cuisine. Elle lave la vaisselle, usant ses ongles roses sur les poteries grasses et le fond des casseroles. Elle savonne le linge sale qu'elle fait sécher sur une corde; elle descend à la rue, chaque matin, les ordures, et monte l'eau, s'arrêtant à chaque étage pour souffler. Et, habillée comme une femme du peuple, elle va chez le fruitier, chez l'épicier, chez le boucher, le panier sous le bras, marchandant, insultée, defendant sou à sou son misérable argent.

Il fallait chaque mois payer les promesses de payer, en renvoyer d'autres, obtenir du temps.

Le mari travaillait le soir à faire la comptabilité d'un commerçant, et la nuit, il faisait de la copie à cinq sous la page.

Et cette vie a duré ainsi dix ans.

Au bout de dix ans, ils avaient tout restitué, tout avec l'accumulation des intérêts superposés.

Mme Loisel semblait vieille maintenant. Elle était devenue la femme forte, dure, et rude des familles pauvres. Mal peignée, avec les jupes de travers et les mains rouges, elle parlait haut, lavait à grande eau les parquets.

Mais, parfois, lorsque son mari était au bureau, elle s'asseyait auprès de la fenêtre, et elle songeait à cette soirée d'autrefois, à ce bal où elle avait été si belle et si fêtée.

Que serait-il arrivé si elle n'avait pas perdu cette parure? Qui sait? qui sait? comme la vie est bizarre, changeante! Comme il faut peu de choses pour vous perdre ou vous sauver!

Or, un dimanche, comme elle etait allée faire une promenade aux Champs-Élysées, elle aperçoit tout à coup une femme qui se promène avec un enfant.

en prendre son parti, to resign oneself
il fallait, it was necessary
effroyable, dreadful
louer, to rent
mansarde, attic
travaux, work
odieux, odious
laver, to wash
ongle, finger-nail
poteries, pots and pans
grasses, greasy
casserole, saucepan
savonner, to soap
linge sale, dirty laundry
sécher, to dry
ordures, garbage
souffler, to take a breath
monte l'eau, brings up the water
injuriée, insulted
marchander, to bargain over prices
promesse de payer, promissory note
en renvoyer d'autres, send back others
faire la comptabilité, do some bookkeeping
faisait de la copie, made copies of letters

intérêt superposé, compound interest

rude, coarse
mal peignée, untidy
jupe, skirt
de travers, crooked
à grande eau, with lots of water

Que serait-il arrivé, What would have happened

39

C'était Mme Forestier, toujours jeune, toujours belle, toujours séduisante.

Mme Loisel hésite un moment. Allait-elle lui parler? Oui, certes. Et maintenant qu'elle avait payé, elle lui dirait tout. Pourquoi pas?

Elle s'approche.

—Bonjour, Jeanne.

L'autre ne la reconnaît pas, s'étonne d'être appelée familièrement par cette bourgeoise.

—Mais... madame!... Je ne... Vous devez vous tromper.

—Non. Je suis Mathilde Loisel.

Son ami pousse un cri.

—Oh! . . . ma pauvre Mathilde, comme tu as changé!...

—Oui, j'ai eu des jours bien durs depuis que je t'ai vue; et bien des misères... et cela à cause de toi!...

—De moi!... Comment ça?

—Tu te rapelles bien cette parure de diamants que tu m'as prêtée pour aller à la fête du Ministère.

—Oui. Eh bien?

—Eh bien, je l'ai perdue.

—Comment! puisque tu me l'as rapportée.

—Je t'en ai rapporté une autre pareille. Et voilà dix ans que nous la payons. Tu comprends que ça n'était pas facile pour nous qui n'avions rien . . . Enfin, c'est fini et je suis bien contente.

Mme Forestier s'était arrêtée.

—Tu dis que tu as acheté une parure de diamants pour remplacer la mienne?

—Oui. tu ne t'en es pas aperçu, hein! Elles étaient bien pareilles.

Et elle souriait d'une joie orgueilleuse et naïve.

Mme Forestier, très émue, lui prend les deux mains.

—Oh! ma pauvre Mathilde! Mais la mienne était fausse... Elle valait au plus cinq cents francs!

Tu ne t'en es pas aperçu, you did not notice it
pareille, similar

émue, moved
la mienne, my own
fausse, false
elle valait au plus, it was worth at most

Questions

1. Est-ce que Mme Loisel a eu une vie heureuse?
2. Qui a-t-elle rencontré avenue des Champs-Élysées?
3. Comment expliquez-vous que son amie ne l'as pas reconnue?
4. Quelle était la valeur du collier de diamants que Mme Loisel a perdu?
5. Quelle était la valeur du collier de diamants que Mme Loisel a rendu à Mme Forestier?
6. Supposons que vous êtes à la place de Mme Forestier: allez-vous garder le collier ou le donner à Mme Loisel?